1

ALGUNAS BAYAS AGITADO DEL ARBOL

A FEW BERRIES SHAKEN FROM THE TREE

un libro de haiku

a book of haiku

俳句

POR/BY

MEL GOLDBERG

Rolemi Publishers

También por Mel Goldberg/Also by Mel Goldberg

Poetry:
    The Cyclic Path   Rolemi Publishers, 1990
    Sedona Poems   Rolemi Publishers, 2001

Prose:
    Choices, (A Novel) iUniverse, 2003
    A Cold Killing (short stories) Rolemi Publishers 2010

Un agradecimiento especial a mi compañero en la vida Kephart Bev por su aliento constante.

A special thanks to my life partner Bev Kephart for her constant encouragement.

ISBN: 978-0-9827345-1-3

Diseño de la portada
Cover art by Bev Kephart

AGRADECIMIENTOS
ACKNOWLEDGEMENTS

Many of the poems here first appeared in the following print or
online magazines (listed in alphabetical order):
Muchos de las poemas fueron publicados en las letras o revistas
siguiente (listados en orden alfabético):

Atlas Poetica
bottle rockets
Eucalypt
Haiku Scotland
Ink, Sweat, and Tears
Paper Wasp
Presence
Ribbons
Shamrock Haiku Journal

Definición

Haiku es un poema tradicional de 17 sílabas escritas en tres líneas con un recuento de las sílabas de 5-7-5. Algunos escritores siguen siendo leales al formato tradicional japonés de 17 sílabas, pero los escritores Inglés han adoptado la forma en nuevas direcciones, adaptación y uso de imágenes comunes de la vida moderna. Haiku parece engañosamente simple. Un haiku, así escrita se inicia en el mundo de los sentidos, pero sugiere algo más profundo, en relación con la naturaleza transitoria de toda la existencia.

Definition

Haiku traditionally is a 17-syllable poem written in three lines with a syllable count of 5-7-5. Some writers remain loyal to the traditional Japanese format of 17 syllables, but English writers have taken the form in new directions, adapting it and using images common to modern life. Haiku looks deceptively simple. A well written haiku begins in the sensory world but suggests something deeper, relating to the transitory nature of all existence.

Historia

Haiku se basa en la tanka, la poesía de corte japonés, con una estructura tradicional de cinco líneas.

Las tres primeras líneas del poema, el *hokku* o "verso comenzando" con el tiempo llegó a ser escrito como un poema separado. *Haiku* proviene de la palabra *hokku*.

Basho (1644 hasta 1694) es considerado el padre del haiku. Anduvo el campo japonés y escribió relatos de viajes, así como haiku y tanka.

History

Haiku is based on *tanka*, Japanese court poetry, with a traditional structure of five lines.

The first three lines of the poem, the *hokku* or "starting verse" eventually came to be written as a separate poem. *Haiku* comes from the word *hokku*.

Basho (1644-94) is considered the father of haiku. He wandered the Japanese countryside and wrote travel journals as well as haiku and tanka.

El uso contemporáneo

Haiku se ha convertido en una forma popular poética por su brevedad y su llamamiento a un deseo de sentido en un mundo caótico

.Contemporary usage

Haiku has become a popular poetic form because of its brevity and its appeal to a desire for meaning in a chaotic world.

en mi patio el negro brillante
después de la lluvia
un escarabajo

la vieja hebilla de cinturón
del campeonato
mil rasguños

velas en memoria
un estante lleno
de vasos

sobre la lápida funeraria
de mis padres
cinco piedras

en el entierro
usé
tú camisa preferida

shining black on my patio
after rain
one beetle

old championship
belt buckle
a thousand scratches

yartzheit candles
a shelf
of glasses

on my parents'
grave marker
five stones

at the funeral
I wear
your favorite shirt

sendero de la plata
la línea de vida
de un caracol

el rojo azafrán miran furtivos
por encima de la nieve
principios de la primavera

una nube
con un mensaje
rastro del vapor

una hoja de maple rojo
que flota con la corriente
ningún plan

tú te has ido
largas sombras
por la tarde

silver track
life line
of a snail

red crocus peeks
above the snow
early spring

a cloud
with a message
vapor trail

red maple leaf
drifts downstream
no plan

you are gone
long shadows
in the late afternoon

ecuaciones en la pizarra
palabras en el diccionario
pensamientos dividen la noche

el cuervo en el árbol
pregunta a la luna nueva
cómo he sobrevivido tanto tiempo

puente de acero gris
silencioso como el cañón
ruidoso como gansos en vuelo

la almohada posee
tu fragancia
la luz en el estanque de Monet

pensé que la honestidad
que me salvaría
mi historia no tiene fin

equations on the chalkboard
words in the dictionary
thoughts split the night

the raven calls from the tree
asks the cashew moon
how I survived so long

grey steel bridge
silent as the canyon
noisy as geese in flight

the pillow holds
your fragrance
light on Monet's pond

I thought honesty
would save me
my story has no end

amapolas rojas
hileras de maíz verde
Van Gogh

un garabato desvanecido de la tinta
de mi pluma
cada poema es sobre la muerte

espero hacer una onda
en la superficie
de la tierra

Yo busco el amor
en el supermercado
entre las verduras

un pájaro sin nombre
en la rama
de un árbol en invierno

red poppies
rows of green corn
Van Gogh

a faded scrawl of ink
from my pen
every poem is about death

will I leave a ripple
on the surface
of the earth

I look for love
in the supermarket
among the vegetables

a bird without a name
on the branch
of a winter tree

el rocío de la mañana destella
en la hierba iluminada por el sol
tú aún estas desaparecido

el sol
ilumina la telaraña
Bagdad mapa

los pájaros no cantan
las hojas secas vuelan
invierno se arrastra lentamente

doblarse como las palmas
llama a las estrellas
respirar palabras en el papel

a lugares que nunca hemos estado
y personas que nunca hemos conocido
estamos conectados

morning dew sparkles
on sunlit grass
you are still gone

the sun
lights a spider web
Baghdad map

no birds sing
dry leaves blow
winter creeps slowly

bend like palms
call to the stars
breathe words on paper

to places we have never been
by people we have never known
we are connected

nosotros no aprendemos
en la embestida de aguas bravas
pero en piscinas tranquilas

en el bosque
sorbo el té helado
tiempo sin fin

fantasmas barren al lago
en la atardecer
pelícanos

una hoja seca
que flota hacia mí
en el viento

la pena de chocolate
un gusto
y tú quieres más

we do not learn
in rushing whitewater
but in quiet pools

in the forest
I sip iced tea
endless time

ghosts skim the lake
at dusk
pelicans

a dry leaf
floats toward me
on the wind

chocolate grief
one taste
and you want more

mis amigos
se hacen viejos
para consolarme

el esplendor extingue
ningun fuego
dura para siempre

hemos sacado los badajos
de las campanas
ellos mintieron

niebla
una manta
para cubrir el mar

negociamos
para cambiar de la paz
por la paciencia sin esperanza

my friends
grow older
to console me

the glow extinguishes
no fire
lasts forever

we tore the clappers
from the bells
they lied

fog
a blanket
to cover the sea

we negotiate
to trade peace
for hopeless patience

lunas de oro
mangos cuelgan de los árboles
a la espera de ser cosechados

a la tarde en la feria
algodón de azúcar
oigo tu voz

un grillo
debajo de las gradas
mas ruidoso que la multitud

al atardecer
su sombra alcanza
la sombia de mi mano

oigo
la voz de mi padre
que sale de mi boca

golden moons
mangos hang from the tree
waiting to be plucked

midway afternoon
cotton candy
I hear your voice

a cricket
under the stands
drowns out the crowd

late afternoon
your shadow reaches
for my shadow's hand

I hear
my father's voice
coming from my mouth

en la subasta
regateo
sobre los recuerdos de otro

como flashasos las caras
tren suburbano
que no va a ninguna parte

el chillido de las chicharras
anunciando
la lluvia que vendrá

noche sin luna
todos los perros
estan silencio

halcón de cola roja
eleva hacia el cielo
su cena en sus garras

at the auction
I bargain
over another's memories

faces flash by
commuter train
going nowhere

chicharras screech
announcing
coming rain

no moon
all the dogs
are silent

red tail hawk
lifts into the sky
dinner in its claws

esperando las migajas
una mosca
limpia sus piernas

la mano de mi hijo pequeño
aprieta mi pulgar
Kadish

lluvia
arte con de gises en la banqueta
aparecen los Picassos

Chicago frente al lago
en invierno
las hadas de hielo bailan

campo enlodado
mi zapato
se quedó atrás

waiting for crumbs
a fly
cleans its legs

my infant son's hand
clutches my thumb
kadish

rain
sidewalk chalk art
Picassos

Chicago lakefront
in winter
ice fairies dance

muddy field
my shoe
left behind

coches ciegos
en la autopista
florecen flores púrpuras

el cartero toca la puerta
lo abro
entra una mariposa de oro

Domingo por la mañana
un bagel tibio
oigo tu voz

casa abandonada
jardín llena de maleza
grillos todavía chirrian

cada mañana
también el cuervo
saluda el día

blind cars
on the freeway
purple iceplant blooms

mailman knocks
I open my door
a golden butterfly enters

Sunday morning
a warm bagel
I hear your voice

abandoned house
weed-filled yard
crickets still chitter

each morning
the raven also
greets the day

sendero cubierto de nieve
nuestras pisadas
borradas por el viento

despacio
avanzo hacia
el crepúsculo gris

el halcón parado cerca
no brisa
los ratones estan acostado silenciosos

la garza
inmóvil como una pintura
busca el desayuno

en el silencio de la mañana
el zumbido de los colibríes
es el único sonido

snow covered trail
our footprints
erased by wind

slowly
I move toward
the greying dusk

hawk on a fence post
no breeze
mice lie still

heron
still as a painting
watches for breakfast

morning silence
whirr of hummingbirds
the only sound

una serie de nubes
el collar
del cielo

mi historia
en un grafiti
de un asiento vacío

el negro brillante
de las alas de una polilla
dónde me puedo ocultar

los dedos de seda de la muerte
acarician mi piel
Me seducen

noventa años
Voy a extrañar
las estrellas

a string of clouds
the necklace
of the sky

my story
graffiti
on an empty bench

the brilliant black
of a moth's wing
where can I hide

silky fingers of death
stroke my skin
I am seduced

ninety years
I will miss
the stars

ir a la casa
donde yo era un niño
Un pájaro negro sobre la cerca.

mi risa
tu gracia
empacan para la muerte

el futuro
está escrito
con lápiz

la niebla se emerge
del lago en la mañana
el mundo se disuelve

verano
las botas del mundo
se remueven

going home
where I was a child
A black bird on a fence post.

my laugh
your grace
packed for death

the future
is written
in pencil

mist rises
from morning lake
the world dissolves

summer
the boots of the world
removed

en la espalda de la lechuza
la garrapata
pide en aventón

lluvia
hojas secas
danzan

estoy oculto aún
en la cueva
de Tom Sawyer

una tarjeta vieja
de mi hijo
borroneado de crayolas

volando con las gaviotas
dejo caer mis conchas
abajo en las rocas

on the owl's back
the tick
hitchhikes a ride

rain
dry leaves
dance

I still hide
in Tom Sawyer's
cave

an old card
from my son
smudged crayon

I soar with gulls
dropping my shells
on the rocks below

qué extraño
estar vivo
en un país extranjero

la noche
traga
mis meditaciónes

chupó las médulas
de los huesos
de mis padres

el pan de la guerra
se remoja
en la sangre de los hijos

el chapoteo de la lluvia
en la piscina
profundiza mi lamento

how strange
to be alive
in a foreign land

the night
swallows
my thoughts

I sucked the marrow
from the bones
of my parents

the bread of war
is soaked
in children's blood

rain splashes
into the pool
my regret deepens

luz de luna
sobre la vieja tumba
rastreo su nombre

50a reunión de la preparatorio
y aún mentimos
sobre el sexo

los años
comen mis palabras
perros hambrientos

cinco mil años
y otra vez
soy un nómada

Pascua
en Mexico
tortillas

in moonlight
on the old grave
I trace your name

50th high school reunion
we still lie
about sex

the years
devour my words
hungry dogs

five thousand years
once again
I am a nomad

Passover
in Mexico
tortillas

la primera luz
rompe en el horizonte
el puercoespín pastorea

las mariposas
engañadas por flores de plástico
en la tumba

echo de menos Chicago
Te voy a llamar
para escuchar el "El"

caminata de Octubre
la dulzura
de las manzanas de otoño

niebla
mientras conduzco
el nuevo mundo una fantasmal

first light
cracks the horizon
the porcupine grazes

butterflies
fooled by plastic flowers
on the grave

missing Chicago
I will call you
to hear the "El"

October hike
the sweetness
of fall apples

fog
as I drive
ghostly new world

fresco Diciembre
espero que mi sueño
no será para siempre

un otro monasterio
busco para
un solo arete

vapor emerge
de tomar el té
un dia frío y gris

por la noche
la musica triste lus "blues"de azules me llama
estoy solo en la multitud

los gansos rompen la formación
para seleccionar
un nuevo líder

December chill
hoping my sleep
will not be forever

another monastery
I search for
a single earring

steam rises
from my tea
cold grey day

at night
blues call me
alone in a crowd

geese break formation
to select
a new leader

salmónes
nadan contra la corriente
desovan en mi mente

desliz natural en los de rocas
tirara mis cenizas
en el arroyo

una bandada de palomas
muchos cuerpos
una mente

día de la independencia
como mi cena
solo

en el fila del supermercado
por delante el hombre viejo
busca el cambio exacto

salmon
swim upstream
spawn in my mind

slide rock
cast my ashes
in the creek

a flock of doves
many bodies
one mind

independence day
I eat my dinner
alone

supermarket line
the old man ahead
searches for exact change

arriba en la pared
un lagartija hace flexiones de brazos
en el sol

en México
sueño
en un nuevo idioma

nieve derretida
en las montañas
mi calle un río

la luz del sol y la vida
las cosas
que damos por seguro

Muerdo
un melocotón robados
y me ilumino

atop the wall
a lizard does pushups
in the sun

in Mexico
I dream
in a new language

snowmelt
in the mountains
my street a river

sunlight and life
the things
we take for granted

I bite
a stolen peach
enlightenment

estrellas en el cielo
luciérnagas en el campo
iluminan en mi memoriaa

en México
vivo con tranquilidad
más allá de la política

sostengo el alimentador
tres colibríes
ventilan mi cara

los colibríes hablan
cerca del alimentador
notas de un flautín

en México
oigo
con oídos equivados

stars in the sky
fireflies in the field
light up my memory

in Mexico
I live quietly
beyond politics

holding the feeder
three hummingbirds
fan my face

hummingbirds speak
at the feeder
notes of a piccolo

In Mexico
I hear
with the wrong ears

por la noche
mi perro ve
lo que yo no puede ver

mi perro ladra
compartiendo su secreto
conmigo

con lápiz y papel
Yo encarcelo
momentos

día de salud mental
Me quedo en casa
para atrapar el tiempo

le quitó la corteza al abedul
y recuerdo
sus mentiras

at night
my dog watches
what I cannot see

my dog barks
sharing her secret
with me

with pen and paper
I imprison
moments

mental health day
I stay home
to catch time

I peel the birch
and remember
your lies

en el sendero al caminar
pistas en lodo de alces
están llenos de agua

nubes de lluvia
acariciadas
por luz de la luna

las cenizas de mi papá
en el garaje
esperan ser entieradas en primavera

mi hermano
ha vacilado
en el camino

la telaraña
en la lluvia de primavera
no se caen

hiking trail
muddy elk tracks
filled with water

rain clouds
caressed
by moonlight

dad's ashes
in the garage
await spring burial

my brother
falters
on the trail

spider web
in spring rain
hang on

mis pensamientos
cuelgan de las paredes
de mi mente

nieve fresca
mi perro pequeño
salta de alegría

primera nieve
en los manzanos
las ramas se doblan en el silencio blanco

gaviotas con ojos de plomo
en la brisa
sin movimiento

sol anaranjado
se hunde en el horizonte
capturado por la oscuridad

my thoughts
hang on the walls
of my mind

fresh snow
my little dog
leaps for joy

first snow
on apple trees
branches bow in white silence

lead-eyed seagulls
on the breeze
motionless

orange sun
sinks below the horizon
captured by darkness

mis recuerdos
caían de los árboles
pisoteados bajo mis pies

por mí mismo la noche de año nuevo
discuto Jung
con mi perro

lectura de poesía
compito
con el tintineo de los vasos

la niebla
desaparece en el bosque
mi sendero

camino a una lectura de poesía
la puesta del sol amarillo-oro
entre los edificios de ladrillo

memories
fell from the trees
trampled underfoot

New Year's eve alone
I discuss Jung
with my dog

poetry reading
I compete
with clinking glasses

the fog
disappears into the woods
my trail

walking to a poetry reading
yellow-gold sunset
between brick buildings

alambradas afeitar
en la pared
buganvillas de color rojo sangre

yo escribo haiku
mientras tú permanece
tibio debajo de las mantas

los peces saltan
dispersando
la luna

ella usa perfume
para celebrar
su solidad

ayer rosas perfectos
hoy
las hormigas que comen hojas

razor wire
on the wall
blood-red bougainvillea

I write haiku
you stay warm
under the blankets

fish jump
dispersing
the moon

she wears perfume
to celebrate
being alone

yesterday perfect roses
today
leaf ants

el tráfico se detiene
un búfalo
cruza la carretera

clara noche de invierno
en la luz de las estrellas
veo mi aliento

luces de coches en la noche
no quiero ver que hay en
la siguiente curva

en el cementerio
estoy parado con hojas hasta el tobilla
los árboles se agitan en el viento

en la noche
abro la puerta
la obscuridad sale

traffic stops
a buffalo
crosses the road

clear winter night
in starlight
I see my breath

high beam at night
what is around
the next curve

at the cemetery
ankle deep in leaves
trees sway in the wind

at night
I open the door
darkness enters

caminando solo
se une a mi aliento
con los árboles

desnudo los amantes se nadan
él le gustan
las lunas

luna llena
las cigarras
me llaman

noche de julio
mi linterna
responde a las luciérnagas

los gansos graznan
resbalando
en un lago congelado

hiking alone
I merge my breath
with the trees

lovers skinny dipping
he enjoys
the moons

full moon
cicadas call
to me

July night
my flashlight
answers the fireflies

geese honk
skidding
on a frozen pond

en la playa
los perros ladran
en cada ola

fría noche de invierno
debajo de las cobijas
estamos desnudos

cantando en la fuego de campamento
recuerdo
todas las palabras incorrectas

una zarigüeya (tlacuache?)
aplastada en la carretera
fiesta de los cuervos

la poesía de Frost
palabras hipnotizantes
ritmo que seduce

on the beach
dogs bark
at each wave

cold winter night
under the blankets
we are naked

singing at the campfire
I remember
all the wrong words

a possum
crushed on the highway
crows' feast

Frost's poetry
hypnotizing words
seducing rhythm

prueba de cáncer
el médico me pregunta
si soy religioso

el espacio calvo
en mi poesía
reflejado en el sol

sabio Budda
conoce todas las respuestas
se queda en silencio

estanque de Basho
coro de ranas
noche sin luna

Me olvido de mi lista
de cosas que hacer
manzanas silvestres rojas

cancer test
the doctor asks
if I am religious

the bald space
in my poetry
reflected in the sun

wise Budda
knows all the answers
remains silent

Basho's pond
frog chorus
no moon

I forget my list
of things to do
red crabapples

desfile militar
cerca de mí
un espacio vacío

luz de luna a través de los pinos
No puedo capturar
el vacío

yo abrazo el pino
la escencia
de vainilla

en el porche
mi nieto le da a cada ave
un nombre

en el fondo del océano
en silencio las costillas
de un barco

military parade
next to me
an empty space

moonlight through pines
I cannot capture
the emptiness

I hug the pine
the scent
of vanilla

on the porch
my grandson gives each bird
a name

on the ocean bottom
the silent ribs
of a ship

gaviota
una pluma cae silenciosamente
en el mar

como la tortuga
en nuestras espaldas
nos sostenemos todos los días

alfombra Persa
en el bazar
veo linóleo de cocina

todos mis años
como profesor
flores amarillas de primavera

solo en mi patio
miro hacia arriba
gansos blancos contra un cielo azul

seagull
a feather falls silently
to the sea

like the turtle
on our backs
we carry all our days

Persian rug
at the bazaar
I see kitchen linoleum

all my years
as a teacher
yellow spring flowers

alone on my patio
I gaze skyward
geese against an azure sky

pajaros arrendajos azules en el árboles
ven a los cacahuates
en los rieles del porche

después de la lluvia
setas en un círculo
mágica de las hadas

estanque como un espejo
donde está
la rana de Basho

cartas de amor
quiero saber
qué está faltando

en el pavimento seco
doy la bienvenida a
las gotas de lluvia

68

blue Jays in the tree
eye peanuts
on the porch rail

after rain
mushrooms in a circle
fairy magic

mirror pond
where
is Basho's frog

love letters
I want to know
what is missing

on dry pavement
I welcome
drops of rain

desde el marco
quito la foto de ella
libertad

las noticias del verano seco
las chicharras llaman
los grillos responden

olas retroceden
burbujas de aire
de los cangrejos

noche tibio del desierto
la luna llena
llama a un coyote

nadie por delante
o detrás del
sendero de Wayna Picchu

from the frame
I remove her photo
freedom

dry summer news
a rainbird calls
a cricket replies

receeding wave
air bubbles
of crabs

warm desert night
the full moon
calls to a coyote

no one ahead
or behind
Wayna Picchu trail

estrellas como diamantes
siempre deseamos
lo que no podemos tener

antes del viaje
los golpes del granizo
en mi coche

en mi mente
se produce un poema
hoja a la deriva en el agua

En la hoja de maple rojo
un cuervo se sienta
advirtiéndome

viajando a mi casa
No puedo contar los faroles
desde la ventana del autobús

stars like diamonds
we always desire
what we cannot have

before the trip
the clunk of hailstones
on my car

in my mind
a poem occurs
leaf drifting on water

In the red leaf maple
a raven sits
warning me

going home
I cannot count the lampposts
from the bus window

víspera de todos los santos
mi bolsa para dulces
vacía

viento fuerte del norte
ramas de los árboles
crecen solo en un lado

viento de tormenta
los cables azotan la casa
estrellas ocultas

Las nevadas del invierno
abajo de la luz de la calle
estrellas a la deriva

mi perro ladra
a la tarántula
caminando con dificultad en la alfombra

halloween
my candy bag
empty

northern wind
tree limbs
all on one side

wind storm
wires slap the house
stars hide

winter snowfall
under streetlight
drifting stars

my dog barks
at the tarantula
hitching across the carpet

viejo y cansado
continúo combatiendo
con lápiz y papel

sobre el mástil
el baile
de un sinsonte

las brasas de la fogata brillan
oigo la rascarse
de un zorillo

conduciendo en Guadalajara
elijo una calle
que nunca he tomado

un narciso
prensado en el libro de Wordsworth
usted piensa a veces en mí

old and tired
I fight on
with pen and paper

atop the pole
the dance
of a mockingbird

campfire coals glow
I hear the rustle
of a skunk

driving in Guadalajara
I choose a street
I have never taken

a daffodil
pressed in Wordsworth's book
do you ever think of me

colibríes y yo
en mi patio
comiendo el desayuno

libro de haiku
mi pagina marcado
por una brizna de hierba

invierno haiku de la naturaleza
en mi ventana
la lustre de las heladas

al borde del agua
juncos aún susurran
el secreto de Midas

escucho con mi corazón
y entiendo
voces rompiendose sobre las rocas

hummingbirds and I
on the patio
having breakfast

haiku book
my place marked
by a blade of grass

nature's winter haiku
on my window
crazed frost

at water's edge
reeds still whisper
Midas's secret

listening with my heart
I understand
voices breaking on the rocks

luces de la ciudad
estrellas
perdidas para el mundo

en el campo
los troncos de los árboles caídos
cobiertos con escarcha

el aviador que está envejeciendo
todavía busca en el cielo
para los MIGs

día lluvioso
mi perro mira el gato
desde el sofá

tres cientos años
desde que la rana de Basho saltó
ondas eterna

city lights
stars
lost to the world

in the field
the frosted trunks
of fallen trees

the aging pilot
still searches the sky
for MIGs

rainy day
the dog watches the cat
from the sofa

three hundred years
since Basho's frog leaped
eternal ripples

www.ingramcontent.com/pod-product-compliance
Lightning Source LLC
Chambersburg PA
CBHW060531030426
42337CB00021B/4213